# LA VIDA SECRETA DE LOS MOCOS

## MARIONA TOLOSA SISTERÉ

zahorí
BOOKS

Puede que los mocos den un poco de asco, pero son un mecanismo de defensa muy importante para nuestro cuerpo. ¿Por qué? Pues porque «atrapan» en su pegajosa telaraña los virus y bacterias y así les impiden entrar en nuestro organismo. ¡Son superhéroes que velan por la protección de nuestro cuerpo!

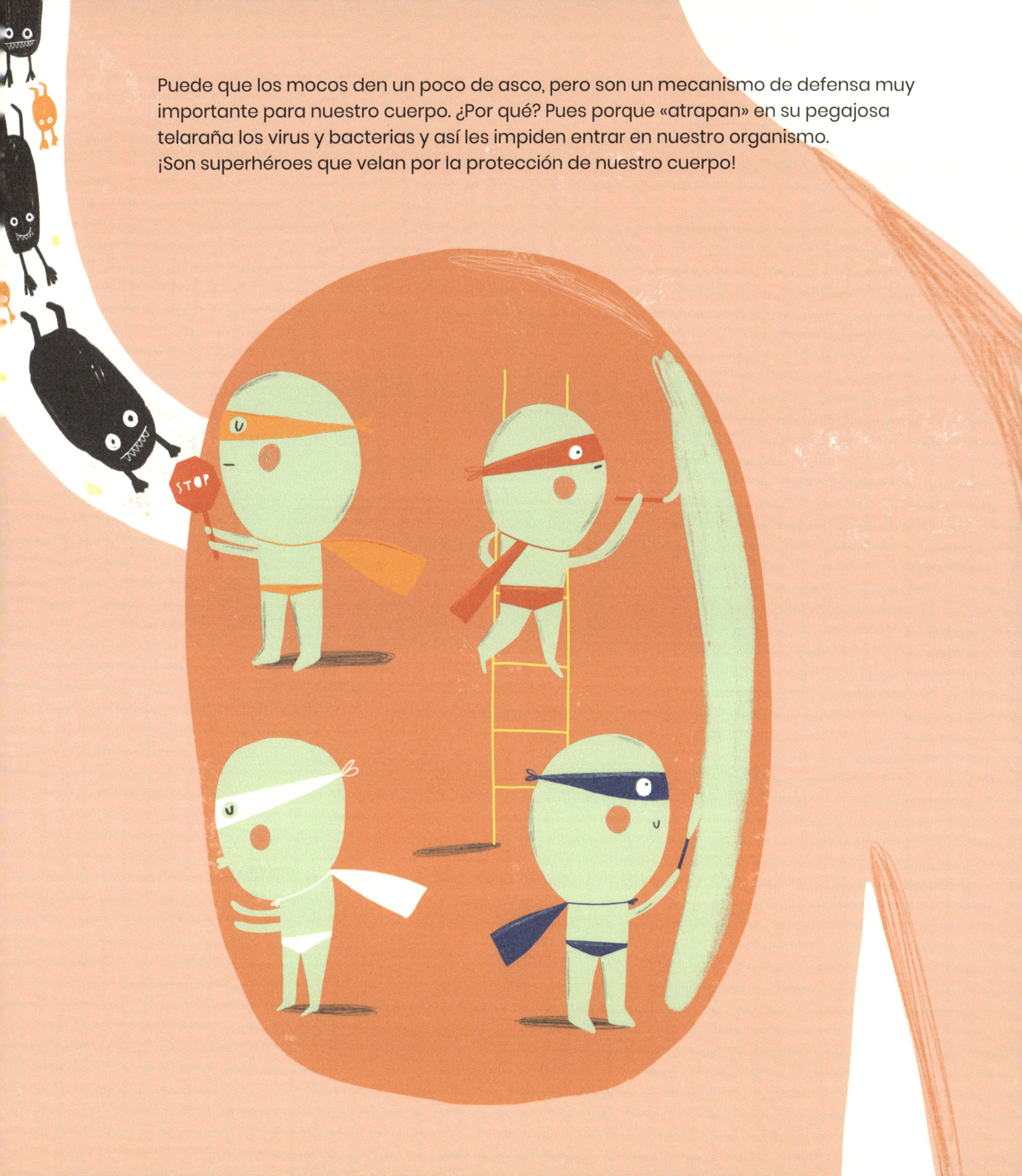

# EL MOCO ESTÁ FORMADO POR:

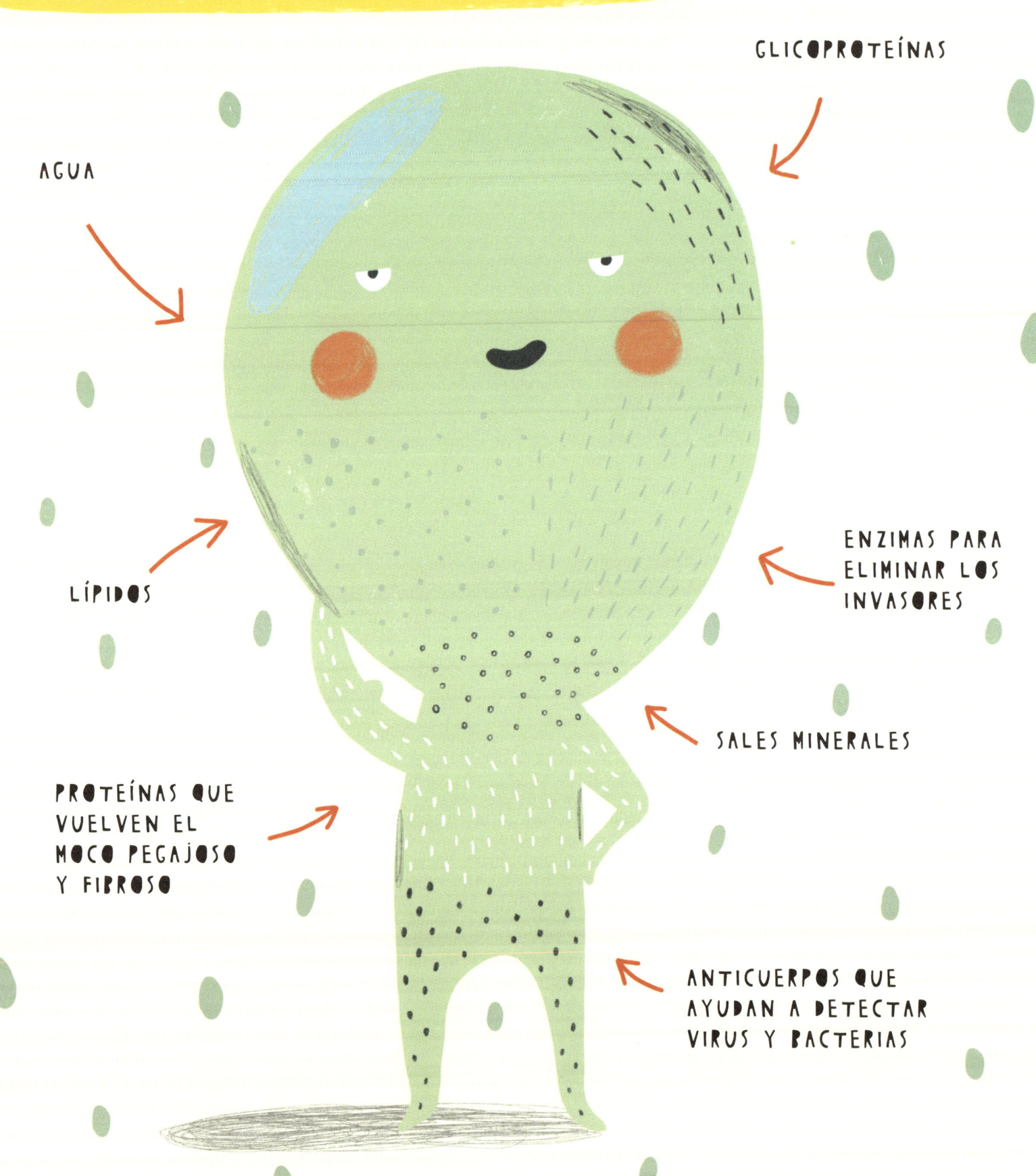

# AQUÍ VIVEN LOS MOCOS

La mayoría de los mocos se originan en el tracto respiratorio. Los senos nasales son los espacios vacíos que se encuentran en los huesos alrededor de los ojos y de la nariz. Estos espacios están cubiertos con un tejido que produce moco. Este moco sale de la nariz a través de unas aperturas muy pequeñas.

# ¡FUERA MOCOS!

No es necesario meterse el dedo en la naríz para sacarse mocos. Hay otras maneras de hacerlo. ¿Quieres probarlas?

**1** Límpiate bien la nariz. Suénate cerrando la boca y «soplando» por la naríz.

CIERRA LA BOCA

SOPLA POR LA NARIZ

LÍMPIATE CON UN PAÑUELO DE PAPEL

¡CUIDADO! SI APRIETAS MUCHO SE TE PUEDE ESCAPAR UN PEDO

**2** Bebe agua, zumos, caldos...

ZUMO

CALDO

AGUA

TEN UN VÁTER CERCA

**3** Intenta estar en lugares húmedos, te ayudarán a respirar mejor.

SAUNA

**4** Zambúllete en el mar en verano.
El agua de mar desatasca mucho.

¿LOS PECES TIENEN MOCOS?

Otra cosa muy, muy importante es que tenemos que utilizar siempre pañuelos de un solo uso.

# ¿QUÉ NOS INDICA EL COLOR DEL MOCO?

## MOCO TRANSPARENTE

Es el color normal de los mocos.

## MOCO VERDOSO O AMARILLENTO

Indica que hay una infección y que nuestras defensas están trabajando a tope para curarnos.

### MOCO ROJO

Cuando nos sonamos mucho y la mucosa de la nariz se inflama o si nos ha salido sangre, el moco puede ser rojo.

### MOCO NEGRO

Si hemos respirado humo porque hay un incendio cerca o hay mucha contaminación, el moco puede ser negruzco.

Los mocos aparecen por distintas razones, pero siempre vienen con buenas intenciones y dispuestos a defendernos. En este momento, dentro de tu cuerpo tienes una buena cantidad de moco en los pulmones, en el estómago, en el colon y en la nariz.
¡Ah! ¡Y si tienes vagina, también tienes mocos en el cuello uterino!

¿CUÁNTOS LITROS DE MOCOS TENGO DENTRO DEL CUERPO AHORA MISMO?

# ¡MOCOS EN LA NARIZ!

Pueden aparecer por distintas razones:

LLANTO

COSTRA DE MOCO

ESTALACTITA DE MOCO

FRÍO

MOCOS POR VIRUS O RESFRIADO

REACCIONES ALÉRGICAS

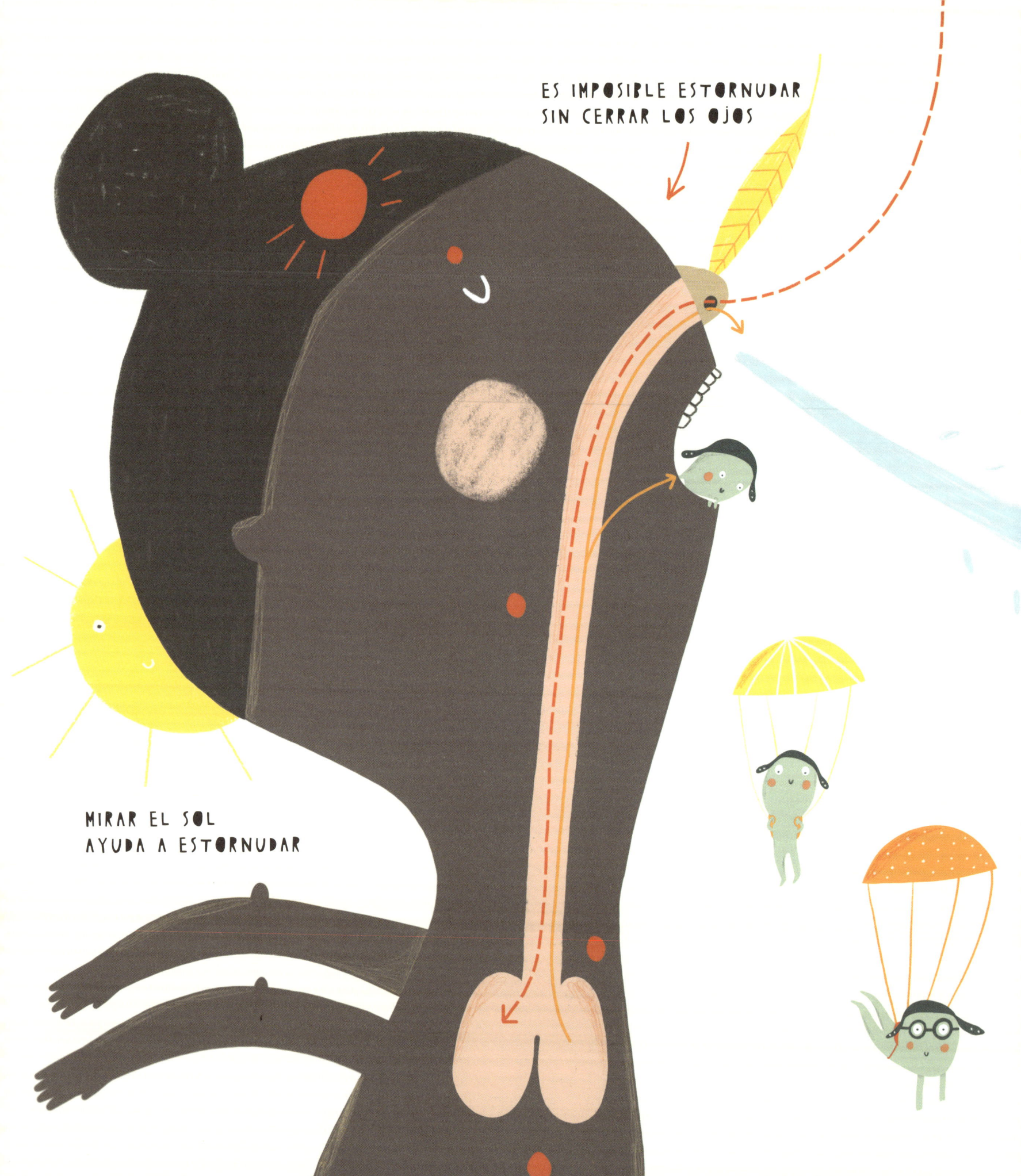

# ESTORNUDOS - LOS MOCOS VIAJEROS

¡Aaaaaaachís!
Si acabas de estornudar, ¡seguro que tenías como unas cosquillas en la nariz!
El estornudo es una expulsión de aire involuntaria desde los pulmones hasta la nariz. Sirve para que el aire arrastre y expulse del cuerpo bacterias y gérmenes. El estornudo puede viajar a 60 km/hora y enviar el moco a 5 metros. Para evitar el contagio, si tienes una infección, tienes que aprender a estornudar correctamente.

**1** Tápate siempre la nariz y la boca para toser o estornudar con un pañuelo de papel.

**2** Si no tienes pañuelo, usa el ángulo interno del brazo. ¡Nunca las manos!

**3** Límpiate las manos a menudo con agua y jabón.

## ¿SE SUENAN LOS ANIMALES?

Seguro que no usan pañuelos, pero algunos animales —incluso los primates y los perros— tienen sistemas para sonarse y limpiarse los conductos nasales.

Las jirafas tienen una lengua muuuuy larga para sonarse.

Los perros también usan la lengua.

Los delfines, cuando tienen la nariz tapada, ¡exhalan agua y aire bien fuerte!

A veces, las madres bonobos sorben los mocos de la nariz de sus bebes para ayudarlos a respirar.

Se ha visto a algunos capuchinos utilizando bastoncillos.

A menudo, los gorilas usan los dedos ¡y se los comen!

6 La leche produce mocos. V F

7 Tienes que sonarte los mocos para que no bajen al pecho. V F

8 No puede estar resfriado porque no tiene fiebre. V F

9 Para disminuir los resfriados, es bueno tomar vitaminas. V F

10 ¡Es importante limpiarse bien la nariz de mocos! V F

# CIFRAS

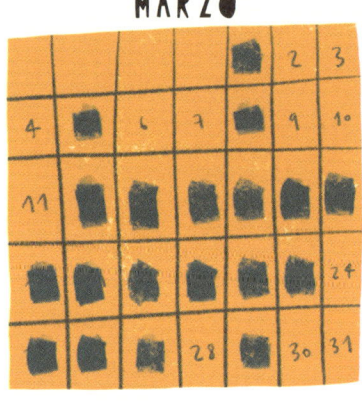

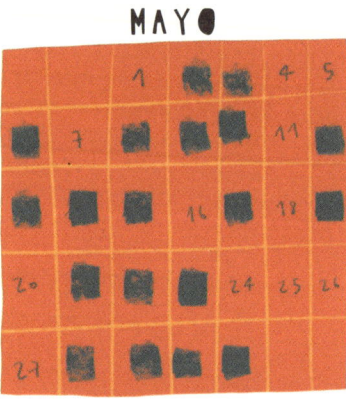

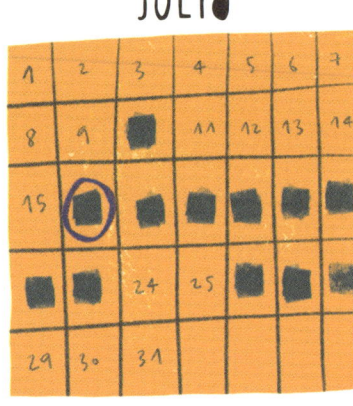
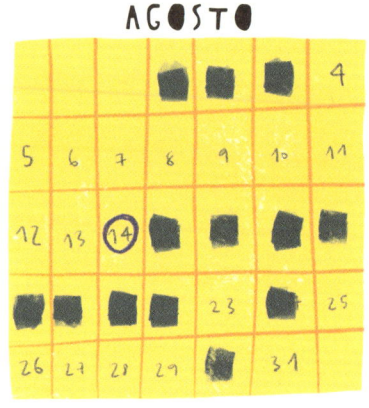
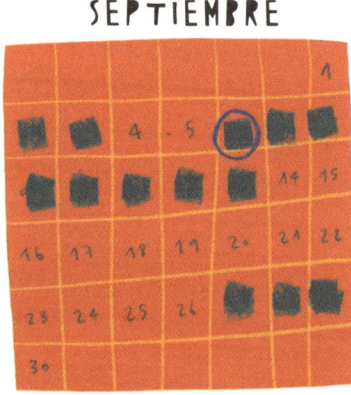

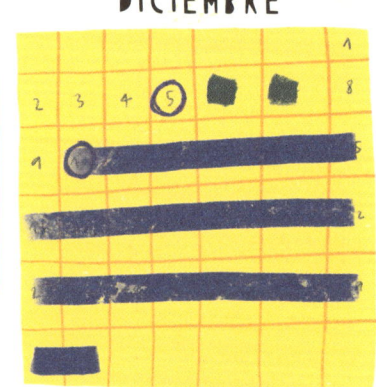

- ● Durante los meses más fríos del año, un niño o niña puede llegar a tener mocos 60 días seguidos.
- ○ Lo más habitual es que un niño que va a la guardería se contagie de unos 10 o 12 resfriados durante el invierno.
- ● Si tenemos en cuenta que la mucosidad de un resfriado se puede alargar durante 20 días, ¡esto garantiza cerca de 200 días al año de mocos!

DE PROMEDIO, UNA PERSONA ESTORNUDA UNAS 400 VECES AL AÑO

# UN LITRO DE MOCOS

¿Sabías que los seres humanos ingerimos casi un litro de mocos al día? Sí, aunque no te los comas, los mocos bajan naturalmente desde la nariz a la garganta. Por lo tanto, al día comemos aproximadamente 50 cucharaditas de nuestra propia mucosa.

# VERDADERO O FALSO: RESPUESTAS

**FALSO 1** — No está demostrado que tomando jarabe de ningún tipo se tengan menos mocos, y los resfriados son infecciones víricas. Por lo tanto, los antibióticos no tienen nada que hacer en un 90 % de los casos.

**FALSO 2** — A menudo, los resfriados ocurren durante los meses fríos del año, pero los niños y las niñas no se ponen malos por salir a jugar desabrigados.

**FALSO 3** — No hay ninguna base científica en esta afirmación. Ningún estudio ha conseguido demostrar que la salida de un diente produzca mucosidad nasal.

**VERDADERO 4** — Y además, las trompas de Eustaquio de los niños y las niñas tienen menos pendiente, de modo que el moco asciende más fácilmente a los oídos.

**VERDADERO 5** — Es algo parecido a lo que pasa con los moratones después de un golpe. Por eso, el cambio de color del moco es habitual en un resfriado y no debe preocupar.

**FALSO 6** — Ningún estudio ha podido encontrar la relación entre beber leche y la producción de mocos.

**FALSO 7** — Los mocos no bajan al pecho. Lo que «baja» a los pulmones es el virus o bacteria que no se ha neutralizado en la vía aérea superior. Que se produzca una bronquitis depende de la capacidad de invadir que tengan los virus.

**FALSO 8** — La fiebre es un síntoma más de infección. No es imprescindible tener fiebre para que un pediatra diagnostique a un niño o niña de un resfriado.

**FALSO 9** — Una alimentación sana y normal aporta los nutrientes necesarios para que un niño o niña se desarrolle y mantenga unos niveles de vitaminas adecuados. La toma «extra» de vitaminas no conlleva que los niños y niñas tengan menos riesgo de contagiarse.

**VERDADERO 10** — La nariz es la zona más estrecha de toda la vía aérea; además, muchos niños y niñas no saben respirar por la boca. En el caso de que los mocos taponen la mitad de la nariz, entraría la mitad de aire al respirar. Por eso es muy importante limpiarse la nariz.

Sexta edición: abril de 2025
Quinta edición: junio de 2024
Cuarta edición: abril de 2022
Tercera edición: septiembre de 2021
Segunda edición: marzo de 2020
Primera edición: marzo de 2019

© 2019, de las ilustraciones: Mariona Tolosa Sisteré
© 2019, de la edición: Zahorí Books
          Sicília, 358 1-A · 08025 Barcelona
          www.zahoribooks.com

Maquetación: Mariona Tolosa Sisteré
Traducción del texto: Ariadna Garcia
Corrección: Diana Novell

ISBN: 978-84-17374-21-1
DL: B 26713-2018
Impreso en España.

Todos los derechos reservados